PROCÈS

FIESCHI

A LA COUR DES PAIRS.

PROCÈS FIESCHI

A

LA COUR DES PAIRS,

Contenant

UNE NOTICE SUR CHAQUE ACCUSÉ ; LES FAITS ANTÉRIEURS, DEPUIS L'ATTENTAT, ET RELATIFS A CHACUN D'EUX ; L'ACTE D'ACCUSATION, LES PLAIDOIERIES, LES DÉCISIONS DE LA COUR DES PAIRS, SON JUGEMENT, ETC., ETC.

avec

LE PORTRAIT DE FIESCHI

Et un Plan

DE LA MAISON ET DE LA MACHINE INFERNALE.

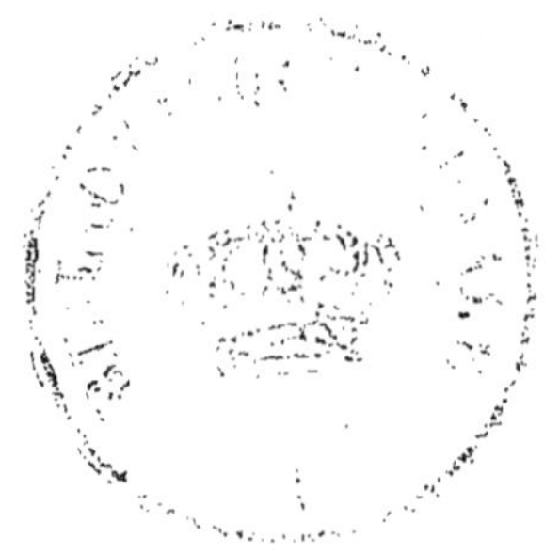

PARIS.

Chez MM. MOURA, Éditeur, rue Montmartre, 131, et rue de la Goutte d'Or, 37, barrière Poissonnière.

GAUVAIN, rue Saint-Antoine, 177.

GRIMPRELLE, libraire, rue Poissonnière, 21.

Au Cabinet de lecture, galerie de l'Odéon, 8.

Et chez les principaux Dépositaires de Publications.

1835.

IMPRIMERIE DE J.-A. BOUDON,
rue Montmartre, 131.

Préface.

Quoique séparé par quelques mois du jour où un horrible attentat est venu porter le deuil dans tant de familles, fait tant de veuves et d'orphelins, et privé l'armée de quelques-uns de de ses meilleurs officiers que le canon de nos ennemis avait jusque là respecté, que de tristes réflexions ne viennent pas aujourd'hui encore se presser dans l'âme de tous les honnêtes gens !

Que de familles, heureuses le matin, ont pleuré le soir la perte d'un de leurs membres. Plus on réfléchit à cette fatale journée, et plus le crime de Fieschi indigne et révolte ; car il est unique par son atrocité.

Et comment retracer ici les sentimens déchirans qui ont affligé le cœur de tant de Français, en voyant de près les cadavres de ces citoyens frappés si malheureusement ; de ces femmes, de ces enfans, victimes d'une férocité aveugle. Il y a plus qu'un crime d'assassinat dans la conduite de ce monstre, il y a le crime d'une ignoble lâcheté.

Il n'eut jamais l'audace de Louvel qui frappa son ennemi de

près. Le soin de sa conservation l'occupait même au moment où il mit son projet à exécution, et l'idée de verser à flots un autre sang que celui dont il avait soif, ne put l'arrêter. Le sentiment d'une aussi hideuse action brise et attriste l'âme!

Nous nous arrêtons ici, attendant la décision de la Cour des Pairs, qui, appelée dans sa haute sagesse à prononcer sur le sort des coupables, fera bientôt connaître à la France ceux dont les noms sont déjà et seront à jamais voués à l'exécration publique, et placés à côté de ceux des Damiens, des Ravaillac, et de tant d'autres régicides, qui n'égalèrent jamais Fieschi en cruauté.

NOTICE BIOGRAPHIQUE.

Fieschi.

FIESCHI (JOSEPH-MARIE), né dans la commmune de Murato, arrondissement de Bastia, d'une famille d'origine génoise, est d'une taille moyenne (5 pieds environ), brun, la tête peu garnie de cheveux, le front découvert, les yeux noirs, petits et enfoncés dans leurs orbites, le nez aquilin, les pommettes saillantes, la bouche fendue, le menton plat et un peu prononcé. Son regard est assuré, son allure vive ; son caractère plein d'énergie et de fermeté. Sa prononciation est fortement accentuée ; ses manières sont familières, et il se met promptement à l'aise avec les personnes qu'il connaît le moins.

Il semble que ce monstre n'ait pas voulu démentir les criminelles traditions de sa famille ; car le vol et l'assassinat lui avaient acquis une déplorable célébrité.

En 1786, elle était composée de trois frères : Jean-Antoine, Jean-Dominique et Louis, dit *Pettisecco*, père de l'exécrable auteur de la machine infernale.

Jean-Dominique eut deux fils qui moururent au bagne, et deux filles, dont l'une fut la femme d'un brigand napolitain, tué en 1804 par les gendarmes. Louis, dit *Pettisecco*, épousa la nommée Lucie, sœur de deux galériens. Ce fut de ce digne couple que naquit l'infâme Joseph-Marie, connu sous le sobriquet de *Pettisiocchello*, ainsi surnommé à cause de la féroce insensibilité de son cœur.

En 1804, son père fut condamné à vingt ans de travaux forcés pour avoir fait partie de la bande du fameux scélérat Martin Pietri, et mourut au bagne.

La branche de Jean-Antoine est la seule que des penchans criminels n'aient pas souillée, et que la société n'ait pas repoussée de son sein.

Fieschi manifesta dès son jeune âge une humeur inquiète et vagabonde. Il avait à peine quinze ans, qu'abandonnant parens et patrie, il se rendit à Naples, où il s'engagea. Il montra beaucoup de zèle, une audace et un sang-froid au-dessus de son âge. Cinq ans après il était parvenu au grade de sergent.

Mais l'amour de l'or, passion qui, chez Fieschi, dominait toutes les autres, porte à croire que lors de l'avénement au trône de Murat, ce misérable se fit espion. Cependant, en plusieurs circonstances, il ne laissa pas de faire preuve d'un courage et d'une fermeté à toute épreuve. Bientôt même il fut cité comme l'un des plus intrépides soldats du roi Joachim, et il fut décoré par ce prince. En 1815, la fortune de Murat changea; Fieschi déserta et passa dans les rangs de l'armée autrichienne.

Il revint en Corse, vers le milieu de cette dernière année, dans le dénuement le plus complet. Murat, détrôné et traqué par la police française, se réfugia dans cette île, à Vescovato, chez le général Franceschetti. Fieschi s'empressa de se présenter à lui, et de lui offrir ses services qui furent acceptés. Il le chargea donc d'une mission secrète; il partit, se rendit à Naples, et, de retour en Corse, il fit à Murat un rapport merveilleux sur l'esprit politique des Napolitains, en lui affirmant qu'il arriverait à Naples aussi facilement que Napoléon était arrivé à Paris à son retour de l'île d'Elbe. Il fit partie de l'expédition téméraire de ce prince et débarqua avec lui et quelques hommes dans le port de Tizzo. Le débarquement opéré, Fieschi demanda à marcher en éclaireur avec quelques soldats; il s'élança en avant et disparut bientôt.

Une heure s'écoula. Le roi et les hommes qui l'accompagnaient se dirigent rapidement vers Monteleone, lorsqu'ils sont tout à coup enveloppés par une troupe de paysans et de gendarmes qui les assaillent à coups de fusils. Un d'entre eux est tué, sept sont blessés. Forcé de prendre la fuite, le roi retourne vers le lieu du débarquement; mais Fieschi avait déjà rejoint Barbara, marin à qui Murat s'était confié. Celui-ci avait levé l'ancre immédiatement; les barques étaient déjà bien loin, lorsque le roi arriva au bord de la mer, où il fut arrêté avec ses compagnons.

En 1816, il fut condamné, pour vol avec circonstances aggravantes, à dix ans de réclusion et à la surveillance pendant toute sa vie. Transféré dans les prisons d'Embrun, il y subit sa peine. Ce fut pendant la dernière année qu'il passa dans cette maison qu'il parvint à faire connaissance avec la femme Petit, condamnée pour banqueroute frauduleuse à cinq ans de travaux forcés, et qui depuis fut soupçonnée d'avoir participé à l'attentat.

Cette femme a beaucoup d'astuce et de finesse dans le caractère. Une seule circonstance, que nous allons rapporter en passant, suffira pour la mieux faire connaître :

M. L.,.. inspecteur des douanes dans le département de l'Hérault, avait épousé en premières noces une demoiselle G... Après la mort de cette dame, M. L... prit pour gouvernante Laurence Petit, jeune alors et d'une figure agréable. Cette femme ne tarda pas à amener son maître, d'un âge avancé et d'un caractère faible, jusqu'à l'épouser.

M. L... mourut. Sa veuve (Laurence Petit), après avoir retiré de la succession de son mari tout ce qu'elle put, s'en alla à Lyon, où elle épousa un sieur Abot, négociant. Selon les habitudes de luxe et de dépense qu'elle avait contractées, elle eut bientôt consommé la ruine de son nouveau mari, et peu de temps après une accusation de banqueroute frauduleuse les envoya, l'un pour dix ans au bagne de Toulon, et elle pour cinq années dans la prison d'Embrun. Quelques personnes, croyant cette femme plus malheureuse que coupable, la recommandèrent charitablement aux autorités locales ; mais sa conduite la fit tout à fait abandonner de ceux qui avaient bien voulu contribuer à adoucir son sort.

Voici un autre fait qui se serait passé dans la prison d'Embrun : Les fenêtres de l'infirmerie des hommes donnaient sur la cour des femmes. Madame Abot (elle n'était connue dans la maison que sous ce nom) avait captivé le cœur d'un jeune marin détenu pour insubordination. En l'absence du gardien, il s'établit un colloque dans lequel Laurence Petit lui reprochait de ne pas l'aimer assez, «Moi, dit le jeune homme, je donnerais ma vie pour vous. — Vous ne donneriez pas votre petit doigt, lui répondit Laurence. — Voulez-vous celui-ci, s'écria le marin en lui tendant une main et tenant un couteau de l'autre ? — Voyons si vous avez assez de cœur....» Aussitôt le jeune homme se frappa, et son doigt ensanglanté tomba aux pieds de Laurençe Petit, qui se vanta long-temps après à ses compagnes de ce témoignage d'amour.

Après 1830, cette femme partagea le sort de Fieschi ; elle le suivit au moulin Croulebarde, où elle était encore vers le milieu de l'année 1834. A la suite de querelles domestiques, elle le quitta, et alla s'établir au marché des Patriarches, où elle vendait du pain pour le compte d'un boulanger ; enfin, plus tard, elle tint une table bourgeoise.

A l'expiration de sa peine, Lyon fut désigné à Fieschi comme résidence ; mais il rompit son ban, changea son nom en celui de Gérard, et alla sous ce dernier travailler à Lodève, en qualité d'ouvrier tisserand.

On ignore comment à son retour à Paris en 1830, il réussit à se faire inscrire au nombre des condamnés politiques, et ce fut à ce titre qu'il touchait un secours annuel.

A cette époque, il fut employé au journal la *Révolution de* 1830 ; la protection de plusieurs citoyens recommandables le fit entrer aux officiers sédentaires, puis plus tard il fut nommé l'un des gardiens de la rivière de Bièvre.

On ne s'étonnera pas que Fieschi soit l'inventeur de la machine infernale lorsqu'on saura qu'habile mécanicien, il a construit et monté seul, dans le moulin Croulebarde, un métier à tisser d'une exécution compliquée et difficile. Doué de beaucoup d'agilité naturelle, il excelle dans tous les exercices gymnastiques, et particulièrement dans celui du bâton et de l'escrime.

Depuis la fin de 1830 jusqu'au commencement de 1835, il est resté employé sur les ateliers que dirigeait M. Caunes, alors inspecteur des travaux d'assainissement. Sa signature est apposée en émargement sur toutes les feuilles de comptabilité mensuelle.

Peu de temps avant l'attentat, on découvrit la falsification des certificats dont il était porteur. Il fut dénoncé au procureur du roi, mais prévenu à temps, il prit la fuite, changea encore une fois de nom, et se déroba ainsi à l'action de la justice.

De toute sa famille il ne reste plus qu'une sœur qui languit dans la misère au village de Biguglia.

Nous ne pouvons mieux comparer Fieschi qu'à un de ces *bravi* italiens qui portent dans la perpétration et l'étalage d'un meurtre le même orgueil que les vrais braves portent dans l'accomplissement d'une belle et généreuse action.

En voici une nouvelle preuve :

On rapporte que dans une conversation qu'il eut avec M. Ladvocat ; il lui dit : Je ne vous demande qu'une seule grâce. — La quelle? — C'est d'être présent lorsque je monterai à l'échafaud. Vous verrez si mes jarrets fléchiront, et vous direz : Je reconnais là Fieschi !

Tels sont les antécédens et la vie de celui que la société a déjà repoussé de son sein, et que bientôt elle aura rayé du nombre de ses membres.

FIESCHI, MOREY, PÉPIN, BOIREAU ET BESCHER.

Avant de donner suite aux détails et aux faits antérieurs sur l'attentat, nous croyons devoir relater ici quelques passages du rapport de M. Portalis, et le texte de l'arrêt rendu par la Cour des Pairs :

RAPPORT SUR L'AFFAIRE FIESCHI.

Après avoir rappelé que les fêtes de juillet avaient interrompu les séances judiciaires de la chambre des pairs, lorsqu'un nouveau forfait motiva un nouvel appel à leur conscience, M. le rapporteur aurait déclaré que l'instruction ordonnée par la cour a été aussi complète qu'il était possible, et que la sévérité des investigations avait été proportionnée à l'énormité de l'attentat et aux suites terribles qu'il pouvait avoir.

Entrant ensuite dans le récit des faits, il aurait présenté une relation bien circonstanciée de l'événement, de ses horribles effets et de tous les détails relatifs à l'arrestation de Fieschi. La porte était fermée en dedans ; on l'enfonça, et on trouva dans la chambre un tison qui avait servi à mettre le feu à la machine, et le portrait du duc de Bordeaux ; mais on assure qu'il a été établi que ce portrait n'avait été mis là que pour détourner les recherches de la justice, et que Fieschi lui-même l'a avoué plus tard.

Fieschi était-il seul dans la chambre, au moment où éclata la machine infernale ? Avait-il des complices ? Quels motifs l'ont porté à ce crime ? Par qui y a-t-il été poussé ? Telles sont les questions que l'instruction avait pour but d'éclaircir.

Sur le premier point, il paraît que l'instruction est restée dans le doute. Un témoin a déclaré, il est vrai, que peu de temps avant le passage du cortége de Louis-Philippe, il avait vu soulever la jalousie, derrière laquelle se trouvait la machine, et qu'il avait aperçu à la fenêtre les têtes de plusieurs personnes ; mais ce témoignage est isolé et semble même être contredit par les dépositions de ceux qui déclarent n'avoir vu personne s'évader de la maison après l'attentat. Quant aux deux chapeaux blancs trouvés dans la chambre, l'instruction n'a pu en découvrir l'origine. Il paraît seulement que l'un d'eux, percé en plusieurs endroits, appartenait à Fieschi.

Il a été reconnu par l'instruction que Fieschi avait pris dans la maison louée par lui sur le boulevard, le nom de Gérard ; qu'il sortait le matin et ne rentrait que le soir, qu'il recevait quelquefois un homme qu'il disait être son oncle. Mais quel était cet homme ? Etait-ce Pépin ou Morey ? Jusqu'à présent on avait dit généralement que c'était Morey. Il paraît que l'instruction tend à établir que c'était Pépin.

Le jour de la revue, Fieschi entra plusieurs fois dans le café voisin, où contre son ordinaire, il but un verre d'eau-de-vie. Interrogé au poste du Château-d'Eau, sur son nom, par un garde national, il répondit : « Qu'est-ce que cela vous regarde? » Dans les premiers momens, il répondit toujours sur le même ton ; il ne commença à s'expliquer que lorsqu'il fut transporté à la Conciergerie. Quelque temps encore cependant, il montra de l'assurance. Mais un des jours suivans, il s'écria : « Je suis un misérable, un assassin ; j'ai du regret de l'avoir fait. »

On parvint à découvrir que quelques personnes étaient venues chez Gérard ; que notamment une malle y avait été apportée le 26 juillet ; que le commissionnaire porteur de cette malle avait dit qu'elle était fort lourde, qu'elle renfermait du linge appartenant à sa femme. Or, c'est dans cette malle que furent apportés les canons du fusil ; et, depuis ce moment, les voisins avaient remarqué que Gérard, qui ordinairement sortait toute la journée, restait chez lui ; ils l'entendirent même faire beaucoup de bruit, comme s'il frappaient avec un marteau. Nul doute que dès-lors il travaillait à la confection de la fatale machine.

Le jour de la revue, Fieschi fit disparaître la malle, qu'il emporta dans un cabriolet. Cette malle, dont on a tant parlé, a passé par beaucoup de mains, a fait bien des circuits, qui avaient pour but de la soustraire aux recherches de la justice. L'instruction la suit en quelque sorte pas à pas dans tous ses voyages, et elle arrive d'abord à la découverte de la femme Petit, et plus tard enfin à la découverte de la malle elle-même, qui fut trouvée chez la fille Nina-Lassave. La femme Petit donna le signalement du propriétaire de cette malle, qu'elle déclara se nommer Fieschi ; on reconnut que ce signalement s'appliquait parfaitement au prétendu Gérard, et ce fut ainsi qu'on apprit, pour la première fois que Fieschi avait pris un faux nom.

Les débats sur l'achat des canons de fusils occupent aussi, à ce qu'il paraît, une place très-étendue dans le rapport. On sait que les journaux ont raconté que Fieschi avait spéculé sur cet achat en faisant porter sur la facture une somme supérieure à celle qu'il avait payée au marchand. De là la conséquence qu'il y avait derrière lui un bailleur de fonds. Ce fait important a été établi par l'instruction et avoué par Fieschi lui-même.

Des renseignemens donnés par les habitans de la maison du boulevard du Temple, sur le signalement de l'homme qui s'est présenté comme oncle de Gérard, il résulterait que ce signalement s'applique, non pas à Pépin, comme on l'avait dit hier, mais bien à Morey. Il résulterait aussi de ces mêmes dépositions que Morey serait venu chez Fieschi le 27 juillet, et qu'il se trouvait dans l'appartement quand il s'y fit un bruit qui semblait produit par des coups de marteau. Il paraît qu'alors on chargeait les canons de fusil. En sortant, Morey aurait rencontré une servante dans l'escalier et détourné la tête comme pour éviter d'être vu.

Bientôt la fille Nina Lassave, soupçonnée d'être dans la confidence de Fieschi, fut arrêtée. Pendant deux jours elle refusa de répondre aux questions qui lui furent adressées; mais enfin elle se décida à parler. Elle déclara notemment qu'elle croyait que des pièces de bois qu'elle avait vues dès le mois d'avril, étaient celles qui avaient servi à l'établissement de la fatale machine; plusieurs fois elle avait demandé à Fieschi ce qu'il voulait faire, et il lui avait répondu : « Ce ne sont pas des affaires de femmes; cela ne te regarde pas. »

Nina Lassave a aussi fait connaître un rendez-vous qui lui fut donné à la barrière du Trône, par Morey, ainsi que la conversation qu'elle eut avec lui, et l'instruction en fait résulter la preuve que Morey aurait eu connaissance de l'attentat. « Mais, lui aurait dit la fille Nina, « pour tuer une personne, vous en avez tué cinquante; vous avez tué « ce pauvre général Mortier qu'on disait si bon! » Suivant la fille Nina, Morey aurait répondu ; « Bah! c'était une canaille comme les autres. — Quant à moi, aurait repris la fille Nina, si j'avais voulu tuer « Louis-Philippe, j'aurais pris deux pistolets, et je me serais tuée avec « le second. » Et Morey aurait ajouté : « Sois tranquille, il n'y perdra « rien pour attendre. »

La *Gazette des Tribunaux* a rapporté dans le temps, le détails relatifs à l'avis que reçut M. le commissaire de police Dyonhet sur la préparation d'une machine infernale qui devait être placée aux environs du théâtre de l'Ambigu, et dirigée contre la vie de Louis-Philippe. Il paraît que ces détails ont été confirmés par l'instruction. On sait que cet avis donna lieu à l'arrestation de Boireau, qui ne put malheureusement être saisi qu'après l'attentat, à 11 heures du soir. Plusieurs témoins ont déclaré, à ce qu'on assure, que Boireau avait dit : « Que ceux « qui iraient voir la revue feraient bien de ne pas dépasser la hauteur « de l'Ambigu. » Il paraît aussi que Boireau avait été déjà impliqué dans des affaires de même nature, notamment en 1834. et qu'il affectait des opinions républicaines.

Les interrogatoires de Fieschi devaient, sans contredit, occuper une place importante dans l'instruction et exciter vivement la curiosité. Il résulte, à ce qu'il paraît, de cette partie du rapport, que d'abord Fieschi nia qu'il eût aucun complice, et refusa de faire aucune révélation. Il persistait dans ce silence, lorsque l'inspecteur-général des prisons découvrit qu'il avait existé des relations entre Fieschi et M. Ladvocat,

lieutenant-colonel de la 12e légion. La vue de M. Ladvocat produisit
une forte impression sur Fieschi, qui pleura beaucoup, et toutefois on
n'obtint de lui de long-temps encore que des réponses insignifiantes.
Tantôt il promettait qu'il parlerait quand il pourrait se lever ; tantôt
il disait qu'il était inutile qu'il parlât, parce qu'on ne lui en couperait
pas moins le cou ; tantôt il prétendait qu'il ne voulait dévoiler la vérité qu'à M. Ladvocat.

Enfin, cependant, il avoua que Morey l'avait accompagné pour
louer l'appartement du boulevard du Temple, et que le 27 juillet il
avait bu de la bierre avec lui. Il donna aussi des renseignemens sur
l'achat des fusils ; le vendeur lui ayant demandé ce qu'il voulait en
faire, il répondit que c'était pour armer des Corses. C'est ici qu'ap-
paraissent les premiers soupçons sur la complicité de Pépin, qui aurait fourni de l'argent, et chez lequel Fieschi déclare avoir dîné une
fois.

On sait déjà qu'une gravure représentant le duc de Bordeaux avait
été trouvée dans l'appartement du boulevard du Temple. Interrogé
sur ce qu'il voulait en faire, Fieschi a répondu : « Je l'avais achetée
« pour donner le change; parce que si j'avais réussi à me sauver, on
« aurait cru que c'était un carliste qui avait fait le coup. »

Fieschi a déclaré qu'au moment de l'exécution de l'attentat il aper-
çut M. Ladvocat avec la 12e légion devant la façade de la maison, et
que les obligations qu'il avait à M. Ladvocat lui donnèrent des re-
mords. Un moment, il voulut renoncer à son projet, descendre,
faire monter M. Ladvocat, lui tout dévoiler, lui dire qu'il était un
misérable : « Mais malheureusement, dit-il, la 12e légion changea de
« place. »

Cette partie du rapport contient, dit-on, l'historique de la vie de
Fieschi jusqu'à l'époque du crime, et des détails étendus sur la famille
de cet homme, dont le père est mort en prison.

En ce qui concerne la prévention de complicité contre Pépin, il paraît que l'instruction lui attribue d'abord plusieurs propos, et celui-ci,
en parlant de Louis-Philippe : « Est-ce qu'on ne trouvera pas un
homme qui, pour 1,000 fr., nous débarrasse de lui ? » Il résulterait
aussi de divers renseignemens que Pépin était lié avec Morey.

Une confrontation a eu lieu entre Fieschi, Morey et Pépin, et le
premier aurait déclaré qu'il avait remis à Pépin la facture des fusils
pour la faire payer.

Plus tard, Fieschi fit une autre déclaration, de laquelle il résulterait
qu'il conçut le projet de l'attentat à la fin de février, comptant sur une
revue au 1er mai pour la fête de Louis-Philippe, ce qui explique la lo-
cation de l'appartement à cette époque, et qu'il confia ce projet à Morey, parce qu'il le connaissait comme un ennemi acharné du gouverne-
ment. Suivant lui, Morey fut dans l'enthousiasme et s'écria : « Si

j'avais de l'argent, je ferais les frais de la machine; mais je connais une personne à qui j'en parlerai. « Cette personne était Pépin, qui, selon Fieschi, partagea bientôt l'enthousiasme de Morey. Fieschi le vit ensuite ; Pépin demanda ce qu'il faudrait payer d'argent, et Fieschi fixa la dépense à 4 ou 500 fr. Fieschi ajoute que Pépin l'accompagna au chantier où ils achetèrent le bois nécessaire pour la construction de la machine, et que Morey apporta dans l'appartement de la poudre et des chevrotines pour la charge des canons de fusil.

Enfin au mois de septembre, Fieschi aurait fait encore d'autres révélations. Il aurait raconté que, le 16 ou le 17 juillet, lui, Pépin et Morey se réunirent pour régler leur compte, et il aurait déclaré que les différentes sommes payées par Pépin devaient se trouver sur les livres de celui-ci, notamment une somme de 218 fr. 50 c., qui devait être inscrite sur un livre-journal qu'il désigna. Les livres ont été saisis et ils auraient confirmé la déclaration de Fieschi ; on aurait trouvé notamment la somme de 218 fr. 50 c. inscrite sur le journal indiqué et raturée. Cette déclaration serait en outre confirmée par un carnet de Fieschi, sur lequel se trouverait aussi ladite somme, carnet qui était resté entre les mains de Morey, et qui a été retrouvé dans les fosses d'aisance de la maison que celui-ci habitait rue Saint-Victor. Pépin aurait dit pour sa défense que ces sommes n'avaient pas eu la destination que Fieschi leur attribue.

Un autre fait d'une haute gravité aurait été révélé par Fieschi. Il aurait déclaré qu'il fut convenu que le soir du 27 juillet, veille de l'attentat, un homme à cheval passerait sur le boulevard pour qu'il pût, lui Fieschi, de la fenêtre, prendre ses mesures et pointer à l'avance la machine qui devait faire feu le lendemain.

Il y a trois ou quatre jours, ce fait a été pour la première fois publié par des journaux qui ont désigné Pépin comme étant l'homme à cheval qui avait servi de point de mire à la place où Louis-Philippe devait être frappé le lendemain. Mais il paraît que ce détail était inexact; que ce ne fut pas Pépin qui se présenta à cheval sur le boulevard, ainsi qu'il avait été convenu; que ce ne fut pas non plus Morey, puisqu'en ce même moment il se serait trouvé dans l'appartement avec Fieschi.

Quel est donc celui qui aurait ainsi servi de point de mire pour braquer la machine infernale? D'après l'instruction, ce serait Boireau, auquel Pépin aurait prêté à cet effet l'un des deux chevaux à lui appartenant, et qui se serait rendu sur le boulevard avec une autre personne qui n'a pu être arrêtée. Il paraît, au reste, que Fieschi charge beaucoup dans ses déclarations ce même Boireau, et lui attribue notamment d'avoir demandé à tirer au sort qui tuerait Louis Philippe.

Dans la dernière partie de son travail, M. le rapporteur aurait rendu compte d'une nouvelle déclaration de Fieschi, de laquelle il résulte qu'on doit mettre de côté ses premières déclarations, et que les dernières seules sont vraies ; il les corrobore, il y ajoute même quelques nouveaux détails, et jure devant Dieu qu'il dit maintenant l'exacte vérité.

Il paraît constaté que Morey, commerçant failli, a fait partie de la Société des Droits de l'Homme ; on ajoute même qu'il aurait été commissaire de quartier. Il avoue, dit-on, avoir caché Fieschi à une époque où il le croyait poursuivi pour délit politique, et que depuis lors des relations fréquentes s'établirent entre eux. Toutefois, il nie avoir accompagné Fieschi lorsque celui-ci loua la maison du boulevard du Temple, sous le nom de Gérard ; il est forcé de convenir de la vérité d'une partie de la déclaration de la fille Nina, d'avoir dîné chez Pépin, de lui avoir présenté Fieschi ; mais il accuse ce dernier de mensonges sur plusieurs points.

Pépin a été confronté avec Fieschi, et, de même que Morey, il repousse une partie de ses déclarations.

Quant à Boireau, il paraît que ses liaisons avec Fieschi sont établies, et qu'il reconnaît l'avoir vu la veille de l'attentat. Un témoin aurait déclaré qu'après la promenade à cheval qui eut lieu le 27 juillet sur le boulevard, Boireau lui aurait dit : « A présent nous sommes sûrs de notre fait. »

Enfin, le rapport a signalé un cinquième individu, nommé Bescher, qui aurait été instruit du complot, et se serait chargé de procurer à Fieschi un passeport pour assurer sa fuite.

M. le rapporteur aurait terminé par des considérations générales sur les résultats de l'horrible attentat du 28 juillet, et sur les malheurs qui en seraient résultés s'il avait réussi.

⎯⎯⎯ ◆⟨⟩◆◆◆⟩ ◆ ⎯⎯⎯

TEXTE DE L'ARRÊT DE MISE EN ACCUSATION.

La cour des pairs :

« Ouï dans les séances des 16, 17 et 18 de ce mois, M. le comte Portalis, en son rapport de l'instruction ordonnée par l'arrêt du 29 juillet dernier ;

« Ouï, dans la séance d'hier, le procureur-général du roi dans ses dires et réquisitions ; lesquelles réquisitions, par lui déposées sur le bureau de la cour, signées de lui, sont ainsi conçues ;

« Le procureur-général du roi près la cour des pairs,

« Vu les pièces de la procédure instruite contre les nommés Fieschi (Joseph), Pépin (Pierre-Théodore-Florentin), Morey (Pierre), Boireau (Victor), Bescher (Tell) ;

« Attendu que des pièces de l'instruction résultent charges suffisantes contre lesdits inculpés, d'avoir arrêté et concerté entre eux la résolution d'un attentat contre la vie du roi et des membres de la famille royale, résolution suivie d'actes commis et commencés pour en préparer l'exécution, crime prévu par les articles 86 et 89 du Code pénal ;

« Attendu qu'il en résulte aussi contre Fieschi charges suffisantes de s'être rendu coupable, 1° d'un attentat contre la vie du roi et des membres de la famille royale, crime prévu par les articles 86 et 88 du code pénal ; 2° d'homicide volontaire commis avec préméditation et guet-à-pens sur la personne de M. le maréchal duc de Trévise, de M. le général de Lachasse de Vérigny, de M. le colonel Raffé, de M. le comte de Villate, de M. Rieussec, lieutenant-colonel de la garde nationale ; de MM. Léger, Ricard, Prud'homme, Benetter, Inglar, Ardoins, Labrouste, Lecler ; les dames Langoret, dite femme Bourgeois ; Briosne, Ledhernez ; des demoiselles Remy et Rose Alizon ; 3° de tentatives d'homicide sur MM. les généraux Brayer, Blein, Heymès, Pelet, Colbert ; MM. Chamarande, Marion, Chauvin, Royer, Vidal, Delepine, Ledhernez, Amaury, Bonnet, Frachebond, Roussel, Baraton, le jeune Goret, la dame Ardoins, les demoiselles Ledhernez et François (Clotilde) ; crimes connexes prévus par les articles 295, 296, 297 et 298 du code pénal ;

« Attendu qu'il résulte également de l'instruction contre Pépin, Morey et Boireau, charges suffisantes de s'être rendus complices des crimes ci-dessus spécifiés, soit en donnant des instructions pour les commettre, soit en y provoquant leur auteur par dons, promesses, machinations ou artifices coupables ; soit en procurant des armes, des instrumens, ou tout autre moyen qui ont servi à l'action, sachant qu'ils devaient y servir ; soit en aidant ou assistant avec connaissance l'auteur desdits crimes dans les faits qui les ont préparés ou facilités, ou dans ceux qui les ont consommés ;

« Crimes prévus par les articles, 59, 60, 86, 88, 295, 297 et 298 du code pénal ;

« Vu l'article 28 de la charte constitutionnelle, ensemble l'ordonnance royale du 29 juillet 1835 ;

« Attendu que les crimes ci dessus qualifiés rentrent, soit directement, soit par voie de connexité, dans la compétence de la cour ;

« Attendu d'ailleurs qu'ils présentent au plus haut degré le caractère de gravité qui doit déterminer la cour à s'en réserver la connaissance ;

« Requiert qu'il lui plaise se déclarer compétente ; décerner ordonnance de prise de corps contre les nommés Fieschi, Pepin, Morey, Boireau et Bescher ;

« Ordonner en conséquence la mise en accusation desdits inculpés, et les renvoyer devant la cour pour y être jugés conformément à la loi.

« Fait au parquet de la cour des pairs, le 18 novembre 1835.

« **MARTIN** (du Nord).

« Après qu'il a été donné lecture par le greffier en chef et son adjoint, des pièces de la procédure,

« Et après en avoir délibéré hors la présence du procureur-général ;

« En ce qui touche la question de compétence ;

« Attendu que l'attentat contre la vie ou la personne du roi, et l'attentat contre la vie ou la personne des membres de la famille royale, sont rangés par le Code pénal dans la classe des attentats contre la sûreté de l'état, et se trouvent dès-lors compris dans la disposition de l'article 28 de la Charte constitutionnelle ;

« Attendu que ces crimes présentent au plus haut degré le caractère de gravité qui doit déterminer la cour à s'en réserver la connaissance ;

« Au fond, en ce qui touche Fieschi (Joseph), Morey (Pierre), Pepin (Pierre-Théodore-Florentin), Boireau (Victor), Bescher (Tell) ;

« Attendu que de l'instruction résultent contre les susnommés charges suffisantes d'avoir concerté et arrêté entre eux la résolution de commettre un attentat contre la vie du roi et contre celle des membres de la famille royale, ladite résolution suivie d'actes commis ou commencés pour en préparer l'exécution ;

« En ce qui touche Fieschi (Joseph),

« Attendu que de l'instruction résultent contre lui charges suffisantes de s'être rendu coupable :

« 1° D'attentat contre la vie du roi et contre la vie des membres de la famille royale ; 2° d'homicide volontaire commis avec préméditation et guet-apens sur la personne du maréchal duc de Trévise, etc. (comme plus haut) ; 3° de tentative d'homicide commise volontairement avec préméditation et guet-apens sur la personne du général comte de Colbert, etc. (comme plus haut) ; laquelle tentative, manifestée par un commencement d'exécution, n'a manqué son effet que par des circonstances indépendantes de la volonté de son auteur ;

« En ce qui touche Morey (Pierre), Pepin (Pierre-Théodore-Florentin), Boireau (Victor), Bescher (Tell) ;

» Attendu que de l'instruction résultent contre eux charges suffisantes de s'être rendus complices des crimes ci-dessus spécifiés, soit en donnant des instructions pour les commettre, soit en provoquant à les commettre par dons, promesses, machinations ou artifices coupables, soit en procurant des armes, des instrumens ou tous autres moyens ayant servi à les commettre, sachant qu'ils devaient servir, soit en ayant, avec connaissance, aidé ou assisté l'auteur de l'action, dans les faits qui l'ont préparée ou facilitée, et dans ceux qui l'ont consommée ;

» Crimes prévus par les art. 59, 60, 86, 88, 89, 295, 296, 297 et 298 du Code pénal ;

» La cour se déclare compétente ;

» Ordonne la mise en accusation de Fieschi (Joseph), Morey (Pierre), Pepin (Pierre-Théodore-Florentin), Boireau (Victor), et Bescher (Tell) ;

« Ordonne en conséquence que lesdits :

« Fieschi (Joseph), âgé de 40 ans, mécanicien, né à Murato (Corse), demeurant à Paris, boulevard du Temple, n° 50, taille de 1 mètre 64 centimètres, cheveux et sourcis châtains, menton rond, visage rond, front découvert, yeux bruns, teint ordinaire, sur le sein gauche la croix des Deux-Siciles ;

« Morey (Pierre), âgé de 61 ans, sellier, né à Chassaigne (Côte-d'Or), demeurant à Paris, rue Saint-Victor, n° 23, taille de 1 mètre 58 centimètres, cheveux et sourcils gris-blanc, menton rond, visage plein, front découvert, teint basané, yeux châtains, sur le bras droit un hussard ;

« Pepin (Pierre-Théodore-Florentin), âgé de 35 ans, marchand épicier, né à Remy (Aisne), demeurant à Paris, rue du Faubourg-St-Antoine, n° 1 ; taille de 1 mètre 76 centimètres, cheveux et sourcils châtains, front bas, yeux bruns, nez long, bouche moyenne, menton ovale, visage ovale, teint clair ;

« Boireau (Victor), âgé de 25 ans, ouvrier lampiste, né à La Flèche (Sarthe), demeurant à Paris, rue Quincampoix, n. 77 ; taille de 1 mètre 61 centimètres, cheveux et sourcils châtains, front plat, yeux bruns, nez épaté, bouche moyenne, menton rond, visage ovale, teint ordinaire ;

« Bescher (Tell), âgé de 41 ans, ouvrier relieur, né à Laval (Mayenne), demeurant à Paris, rue de Bièvre, n. 8 ; taille de 1 mètre 56 centimètres, cheveux et sourcils gris, menton rond, visage ovale, front haut, teint coloré, yeux roux, nez fort, bouche moyenne ;

« Seront pris au corps et conduits dans telle maison d'arrêt que le président de la cour désignera pour servir de maison de justice près d'elle ;

« Ordonne que le présent arrêt sera notifié, à la diligence du procureur-général du roi, à chacun des accusés ;

« Ordonne également que l'acte d'accusation qui sera dressé en vertu du présent arrêt sera notifié, à la même diligence, à chacun des accusés ;

« Ordonne que les débats s'ouvriront au jour qui sera ultérieurement indiqué par le président de la cour, et dont il sera donné connaissance, au moins quinze jours à l'avance, à chacun des accusés ;

« Ordonne que le présent arrêt sera exécuté à la diligence du procureur-général du roi.

« Délibéré au palais de la cour des pairs le jeudi dix-neuf novembre mil huit cent trente-cinq, en la chambre du conseil, où siégeaient :

MM. le baron Pasquier, président, le comte Portalis, rapporteur, le duc de Choiseul, le duc de Montmorency, le duc de La Force, le maréchal duc de Tarente, le maréchal duc de Reggio, le marquis de Marbois, le comte Klein, le duc de Castries, le duc de la Trémouille, le duc de Caraman, le comte d'Haussonville, le comte Molé, le comte Ricard, le baron Séguier, le comte de Noé, le comte de la Roche-Aymon, le duc de Massa, le duc Decazes, le comte d'Argout, le comte Claparède, le vicomte d'Houdetot, le baron Mounier, le comte Mollien, le comte de Sparre, l'amiral comte Truguet, le vice-amiral comte Verhuell, le comte de Germiny, le comte de la Villegontier, le baron Dubreton, le comte de Bastard, le marquis de Pange, le duc de Mortemart, Crillon, le duc de Coigny, le comte Siméon, le comte de Vaudreuil, le comte de Tascher, le maréchal comte Molitor, le comte Guilleminot, le comte Dejean, le comte de Richebourg, le vicomte Dode, le comte Davoust, le comte de Montalivet, le comte de Sussy, le comte Cholet, le comte de Boissy-d'Anglas, le duc de Montébello, le marquis de Laplace, le duc de La Rochefoucauld, le comte Clément de Ris, le vicomte de Ségur-Lamoignon, le duc d'Istrie, le duc de Périgord, le comte de Ségur, le marquis de Latour-Maubourg, le duc de Bassano, le comte de Bondy, le baron Davillier, le comte Gilbert de Voisins, le comte de Turenne, le prince de Beauveau, le comte d'Anthouard, le comte Mathieu-Dumas, le comte de Flahaut, le vice-amiral comte Jacob, le comte Pajol, le vicomte Rogniat, le comte Perregaux, le baron de Lascours, le comte de la Rochefoucauld, Girod (de l'Ain), le baron Athalin, Aubernon, Bertin de Vaux, Besson, le président Boyer, le vicomte de Caux, Cousin, Devaisne, le comte Dutaillis, le duc de Fezensac, le baron de Fréville, Gautier, le comte Heudelet, le baron Louis, le baron Malouet, le comte de Montguyon, le comte de Montlosier, le comte d'Ornano, le comte Rœderer, le chevalier Rousseau, le baron Sylvestre de Sacy, le baron Thénard, Tripier, le comte de Turgot, Villemain, le baron Zangiacomi, le comte Jacqueminot, le comte Bérenger, le baron Berthezène, le comte de Colbert, le comte Guéhenneuc, le comte de Lagrange, le comte de Nicolaï, le baron Haxo, le baron Neigre, le baron Saint-Cyr Nuges, le baron Lallemand, le comte Reinhard, le maréchal Lobau, Barthe, le comte d'Astorg, Bailliot, de Gasparin, le baron Bernard ;

« Lesquels ont signé, avec M. E. Cauchy, greffier en chef, la minute du présent arrêt.

SUR L'ATTENTAT DU 28 JUILLET.

Le 28 juillet, après avoir passé dans toute la longueur des boulevards sur le front de la garde nationale, le roi devait revenir en suivant la même ligne pour se rendre sur la place Vendôme, où les troupes devaient défiler devant lui. A midi et quelques minutes, au moment où il était arrivé à la hauteur du boulevard du Temple, un peu avant le théâtre des Funambules, une terrible explosion, semblable à un feu de peloton bien nourri, s'est fait entendre... Plusieurs personnes étaient frappées à mort! Il y eut un moment de profonde stupeur. Chacun, par un double instinct, regarda auprès de soi et porta ses regards sur la personne du roi. Le roi était à cheval : ni lui ni aucun des princes n'avait été touché. Mais que de sang répandu! que de meurtres! que de pertes cruelles! que de cris déchirans! quelle unanime et ardente indignation! Tout à côté du roi, le lieutenant-colonel de la 8e légion, plusieurs officiers-généraux, étaient étendus morts, et du côté du boulevard opposé à la maison d'ou le coup était tiré, des gardes nationaux, des citoyens des femmes, des enfans étaient également tombés.

On vit la fumée sortir du troisième étage de la maison nº 50 du boulevard du Temple ; c'est une maison occupée au rez-de-chaussée et au premier par un marchand de vin. Chaque étage n'a sur le boulevard qu'une chambre éclairée par une seule fenêtre. La maison fut aussitôt cernée.

Après quelques instans donnés à une triste et douloureuse émotion, le cortége se remit en marche, au milieu des acclamations qui témoignaient noblement des sentimens qu'un si énorme crime inspirait à toute la population.

La garde nationale et la ligne formèrent une enceinte pour débarrasser le théâtre de cette scène de douleurs, dont on put alors connaître l'immensité. Des mares de sang couvraient la chaussée du boulevard, où gisaient encore trois chevaux. Sur la contre-allée, trois cadavres : ceux de deux hommes attendaient qu'on vint les enlever. Mais c'était dans le café Turc que se voyait le plus déchirant spectacle : dans une salle de billard étaient étendus par terre, chacun sur un matelas, le maréchal Mortier, un lieutenant-colonel de l'armée, le lieutenant-colonel, un sergent et trois gardes nationaux de la 8e légion. Dans le jardin était couché, sur un lit formé de plusieurs banquettes, un autre général; il respirait encore, et des médecins s'empressaient à lui donner des soins ; mais il était frappé d'une balle à la tête : déjà un épanchement se manifestait par des signes certains, et l'on n'avait aucun espoir de le sauver.

On a ensuite pénétré dans la maison d'où le coup avait été tiré. Là un autre spectacle horrible, mais qui n'inspirait pas les mêmes sentimens. Dans une chambre du second étage, M. Desmortiers, procureur du roi, assisté de deux commissaires de police, et en présence de M. Martin (du Nord), procureur-général, dressait le procès-verbal et recevait les dépositions des témoins. Dans un coin de cette même chambre, sur un matelas, et à moitié déshabillé, était couché un homme dont la tête, horriblement mutilée, était couverte de bandages. Il avait une blessure profonde au côté gauche du front, et la mâchoire inférieure en partie fracassée. Il paraissait souffrir cruellement: il ne pouvait parler; mais il parvint à faire signe qu'une soif poignante le dévorait, et que le courant d'air des portes ouvertes le tourmentait beaucoup. On ne saurait trop faire l'éloge de l'humanité avec laquelle les magistrats et gardes nationaux qui l'entouraient lui donnaient les soins que réclamaient ses douleurs.

Malgré ses blessures, l'assassin n'avait pas perdu un moment pour se sauver, et s'était élancé par la fenêtre. La police, dans la crainte de quelque tentative coupable, faisait exercer une active surveillance autour des maisons situées sur le passage du cortége. Aussi, dès que l'explosion se fit entendre, des agens se précipitèrent dans la cour intérieure de la maison d'où elle venait de partir. Ils virent Fieschi se laissant glisser le long d'une corde, et ils s'écrièrent : « Ah ! c'est toi, misérable ! nous te tenons ! » A l'instant Fieschi, qui était à la hauteur d'un mur, s'est élancé par dessus et est tombé dans une cour voisine ; mais là il trouva un autre agent de police qui s'empara de lui.

La chambre au troisième étage, où avait été construite la machine, est fort petite (1) ; elle a à peine 6 pieds et demi ou 7 pieds de large sur autant de profondeur. La machine était construite avec habileté et solité, en bois garni de fortes ferrures. Des montans supportaient deux traverses placées parallèlement à la fenêtre ; vingt-cinq rainures pratiquées dans chacune de ces traverses étaient remplies par autant de fusils de munition. La traverse de devant, placée à environ un pied de la fenêtre, et à peu près à fleur de son appui, était un peu plus basse que celle de derrière, de manière que le coup portât, vers le milieu du boulevard, à la hauteur du corps d'un homme à cheval. L'événement a fatalement prouvé que les mesures étaient bien prises ! La charge était si forte que le coup a fait éclater cinq canons, quoiqu'ils fussent tout neufs et parussent très solidement établis. C'est par le choc d'un ou de plusieurs de ces canons que l'assassin a été blessé.

_____

(1) Dans une prochaine livraison, nous donnerons une description exacte de la chambre et de la machine.

Quelques personnes furent arrêtées, soit dans les parties inférieures de la maison, soit dans les environs.

Un retard, peut-être d'une demi-seconde de l'explosion, a sauvé le roi. Le cortége marchait dans cet ordre : le roi et le prince de Joinville, le duc d'Orléans, le duc de Nemours, le maréchal Lobau, le maréchal Mortier. Tous ceux qui ont été blessés dans le cortége étaient à peu près sur la même ligne que le maréchal. Aucun n'était en avant plus rapproché du roi.

La nouvelle de cet attentat s'est rapidement propagée. Le général Rumigny, aide-de-camp du roi, partit au galop pour aller rassurer la reine, aussitôt qu'il vit que le roi n'était pas atteint, et, sur sa route, il annonça en quelques mots aux colonels des légions ce qui venait de se passer. Bientôt après, deux autres officiers d'état-major donnèrent quelques détails, et, en peu d'instans, il n'y eut pas un garde national et un soldat, sur toute la ligne, qui ne connût l'événement. La troupe de ligne, placée du côté extérieur du boulevard, n'arrivait pas jusqu'au boulevard du Temple : ordre lui fut donné aussitôt d'appuyer à gauche ; mais ce mouvement devint inutile, puisque l'attentat ne fut suivi d'aucune démonstration. Cependant le roi continua la revue, et les expressions nous manquent pour décrire l'enthousiasme avec lequel il fut reçu par la garde nationale et l'immense population qui accourait sur son passage. L'affreux danger auquel il venait d'échapper comme par miracle, ne fit éclater qu'avec plus d'énergie les sentimens que lui porte une nation généreuse, si pleine d'horreur pour les lâches et les assassins.

Au moment du défilé, les diverses légions firent entendre le cri de *Vive le roi* ! auquel la troupe de ligne répondit. Ce fut surtout au passage de la 8ᵉ légion, dans les rangs de laquelle se trouvaient quelques gardes nationaux dont les vêtemens portaient des traces de sang, que les cris redoublèrent. A ce cri de *Vive le roi* ! les gardes nationaux de cette légion, qui avait perdu des officiers supérieurs qu'elle aimait et plusieurs gardes nationaux, répondaient le cri : *A bas les assassins* !

Parmi les personnes blessées mortellement se trouvait M. le colonel Raffé, atteint d'une balle dans le flanc gauche. Il se maintint cependant quelques minutes sur son cheval sans chanceler ; il tomba ensuite, mais il ne perdit pas connaissance. On le transporta alors dans une maison du boulevard du Temple. Il y avait à peu près deux heures qu'il y était lorsqu'il reçut la visite du colonel Feisthamel : « Vous êtes, lui dit-il, le premier de nos amis que je vois. Je sais que je n'ai pas deux heures à vivre ; mais dites-moi si le roi n'est pas blessé ? — Non, colonel, ni lui, ni aucun des princes. — Vous m'en donnez votre parole d'honneur ? — Je vous le jure. — Eh bien, tant pis pour moi, et *Vive le roi* ! »

Le corps du maréchal Mortier fut conduit au palais de la Légion-d'Honneur, escorté par des gendarmes de la Seine. Lorsque la citadine qui transportait ses dépouilles traversa la place de Grève, le poste de l'Hôtel-de-Ville, informé par un sous-officier qui précédait le cortége, a pris les armes et lui a rendu les honneurs militaires.

La reine et les princesses se trouvaient chez M. le garde-des-sceaux à la chancellerie pour assister au défilé des troupes sur la place Vendôme, quand on vint annoncer qu'unemachine infernale avait éclaté sur le passage du roi ; que plusieurs personnes avaient été tuées, mais que le roi et les princes n'avaient pas reçu la moindre blessure.

On songea d'abord à cacher cette nouvelle à la reine, mais c'eût été impossible : la reine pouvait lire le malheur affreux qui était arrivé sur le visage de tous ceux qui l'approchaient. M. Guizot et M. le garde-des-sceaux durent l'en instruire. Il est facile de s'imaginer l'émotion où la plaça le sentiment du danger qu'avaient couru le roi et ses fils ; mais comme le roi, qui avait voulu continuer la revue, ne paraissait pas, elle crut qu'on lui déguisait une partie de la vérité, et que peut-être le roi était grièvement ou mortellement blessé.

On ne saurait se faire une juste idée des angoisses de ce cruel moment d'incertitude. La douleur et l'émotion l'empêchaient de comprendre et d'apprécier les explications qu'on lui prodiguait pour la rassurer. Mme la duchesse de Broglie entra dans ce moment ; la reine se précipita dans ses bras, et ce n'est que lorsque la première émotion de cette entrevue fut passée, que la reine commença à ajouter foi aux assurances qu'on lui donnait que le roi et ses fils n'avaient pas été atteints. Mais elle eut à pleurer sur des pertes malheureusement trop réelles.

Dans ce même salon de la chancellerie se trouvaient réunies les femmes, les mères, les filles des officiers-généraux et des ministres qui composaient le cortége du roi. On savait que plusieurs personnes étaient tombées frappées mortellement auprès du roi ; mais on ignorait encore les noms des victimes. Ce fut pendant quelques instans une horrible confusion de sanglots et de cris. Enfin plusieurs aides-de-camp arrivèrent : toutes les incertitudes furent levées, et chacun put apprendre le malheur qui le frappait individuellement.